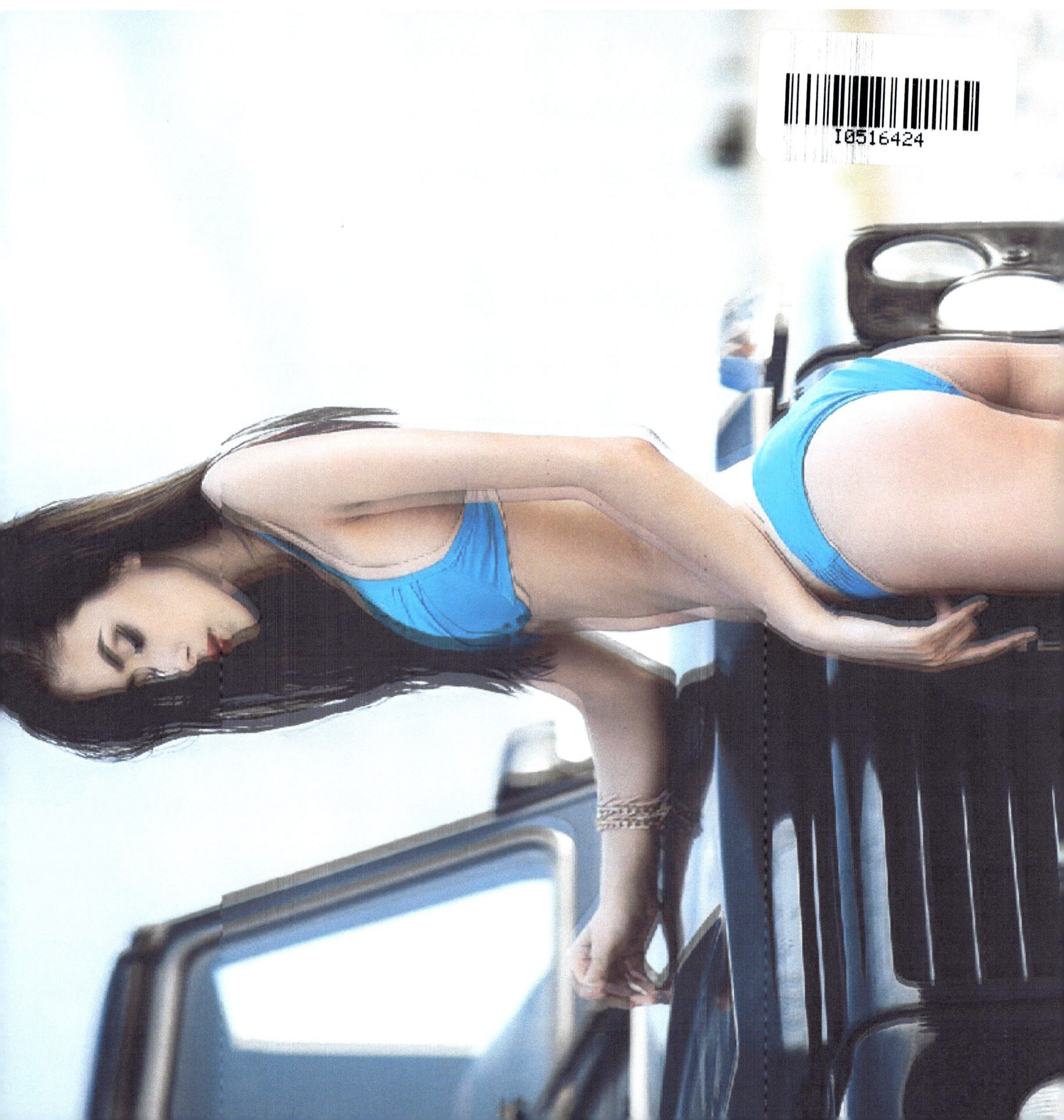

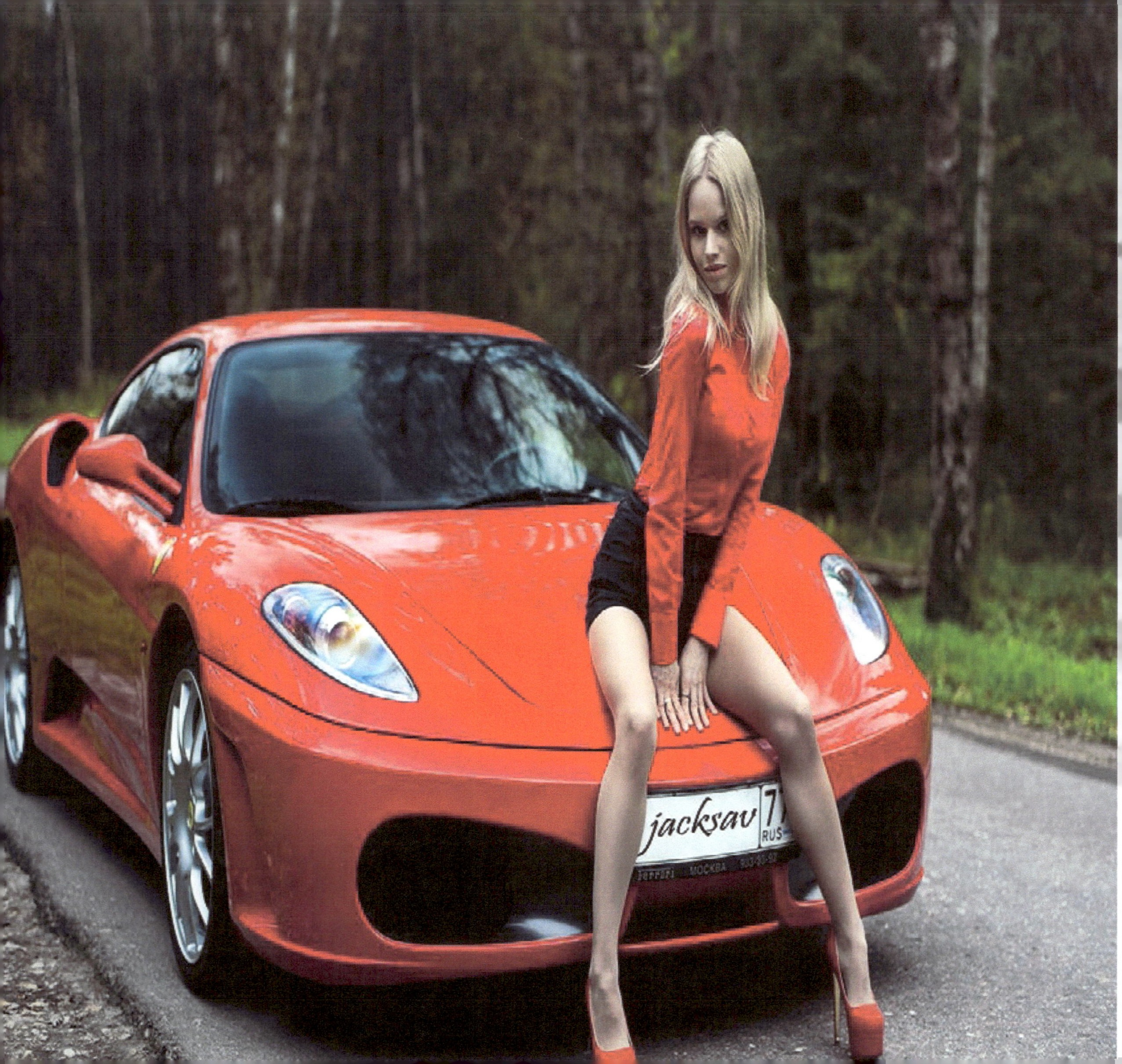
jacksav
RUS
МОСКВА

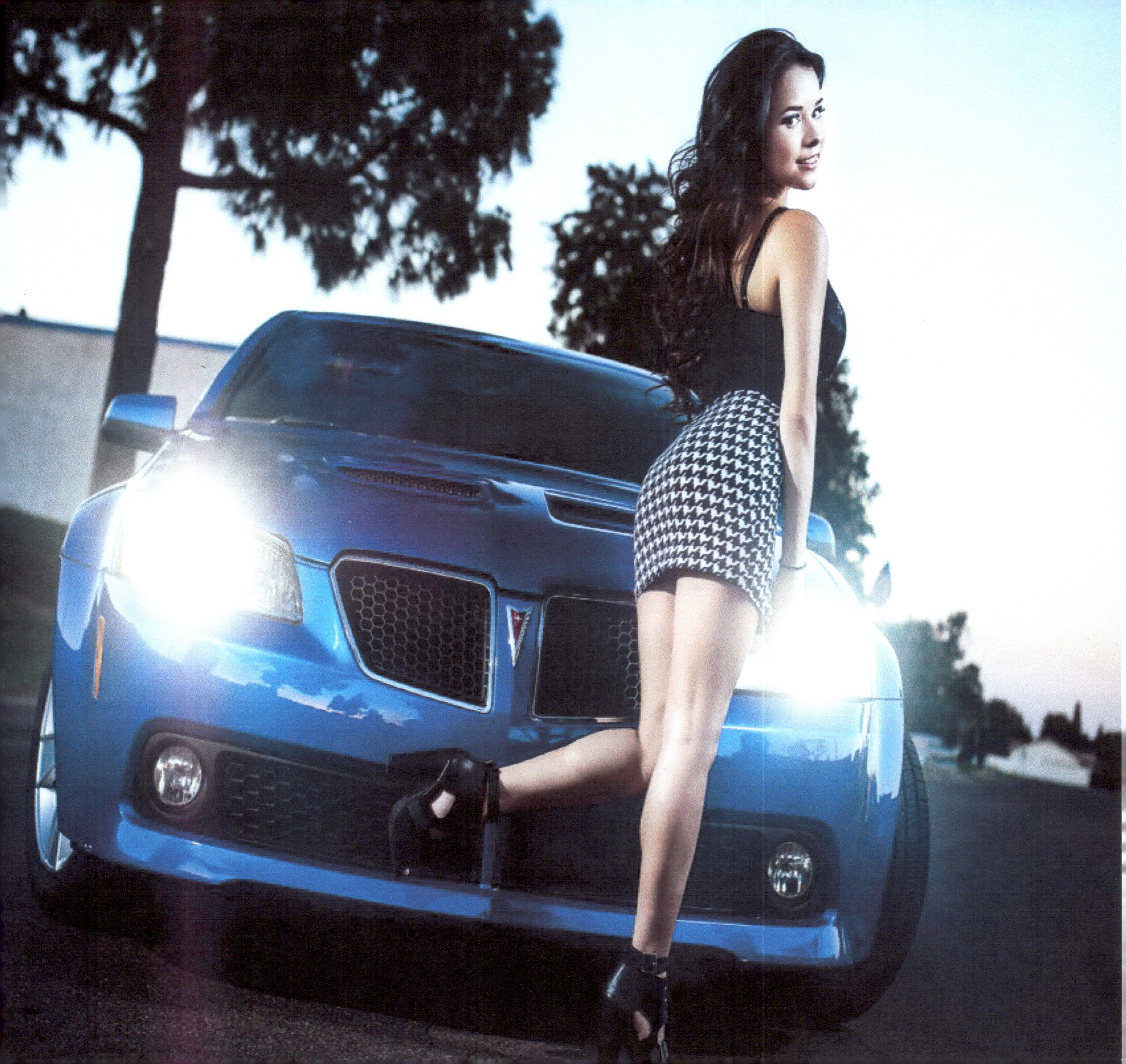

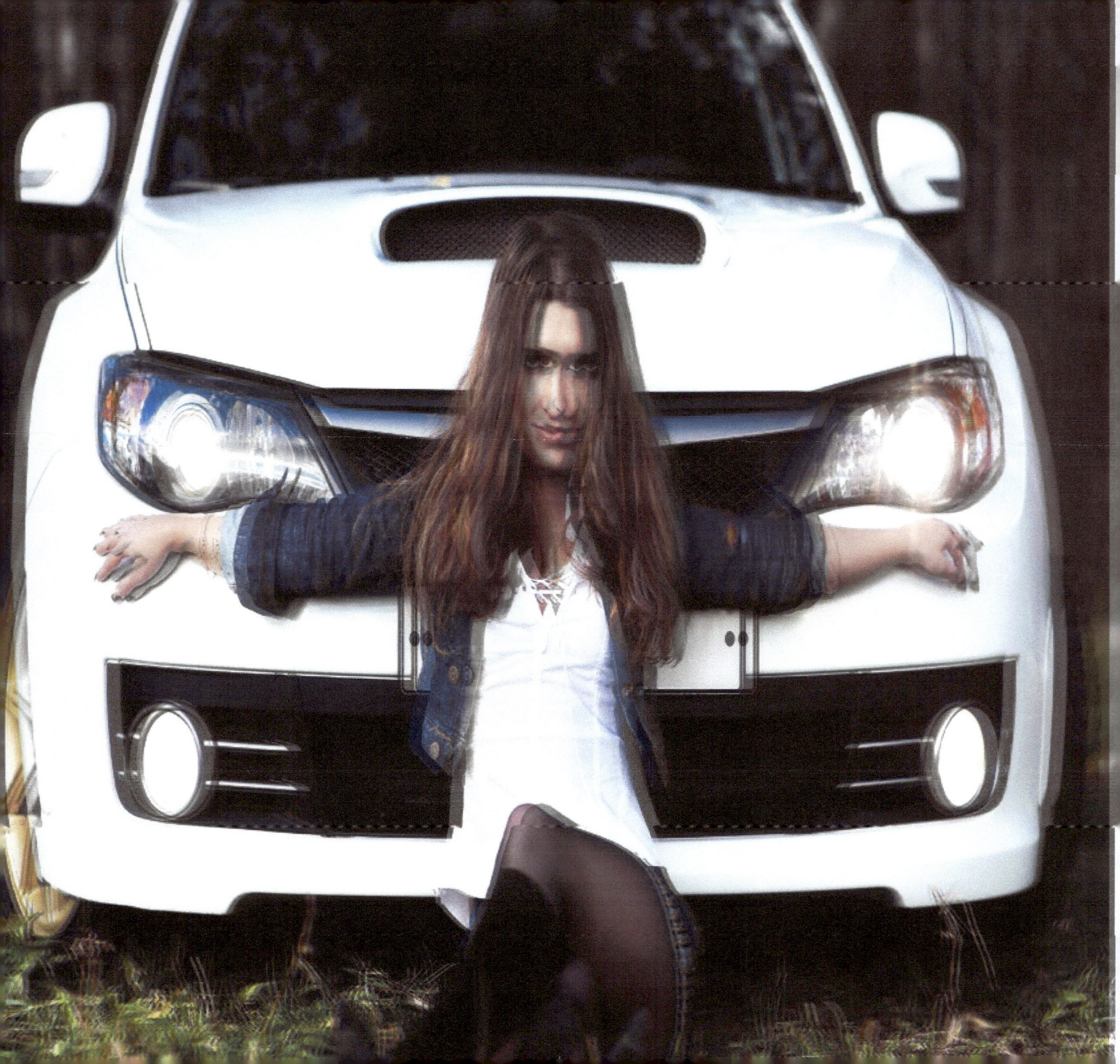

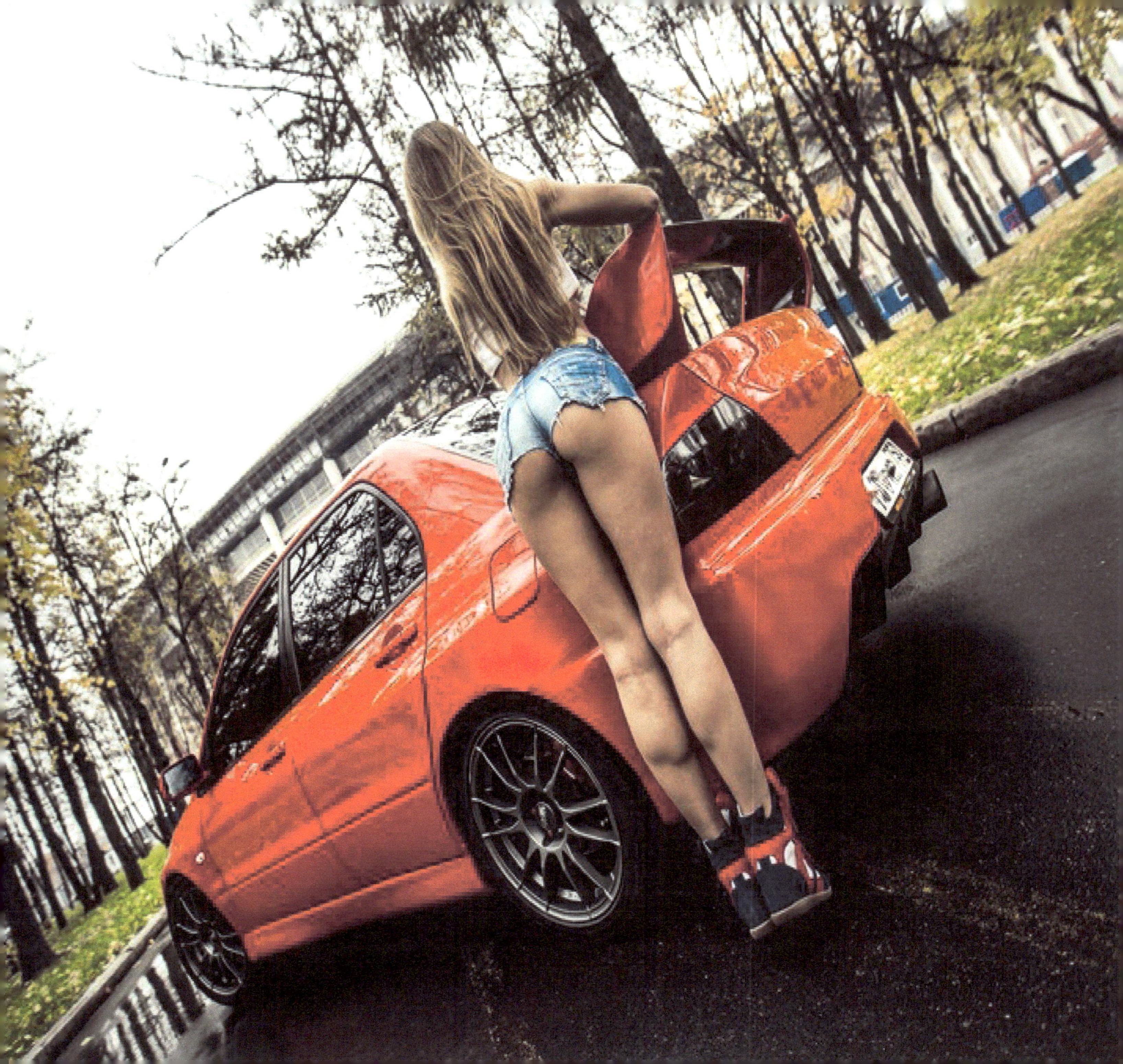

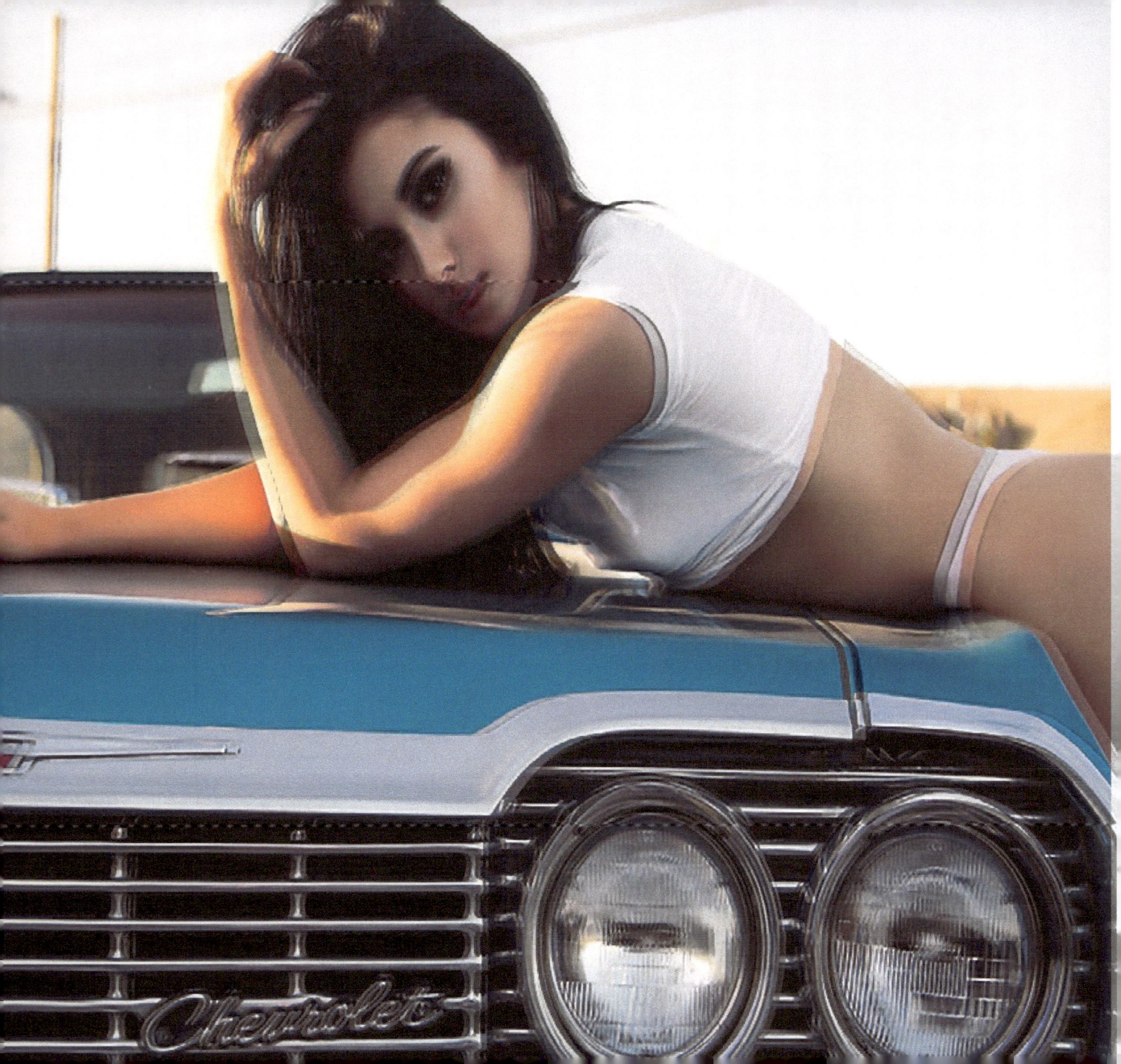
Chevrolet

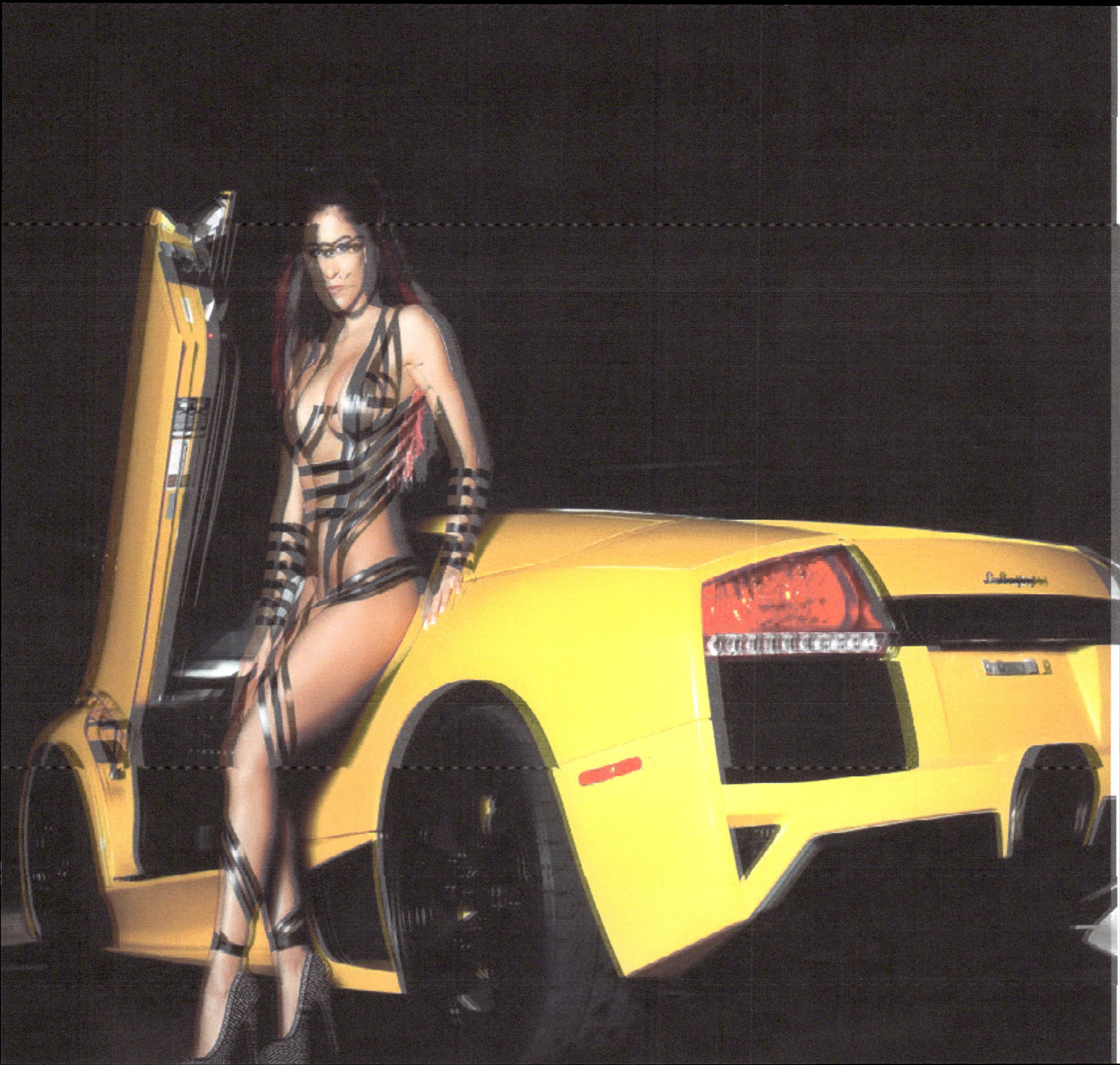

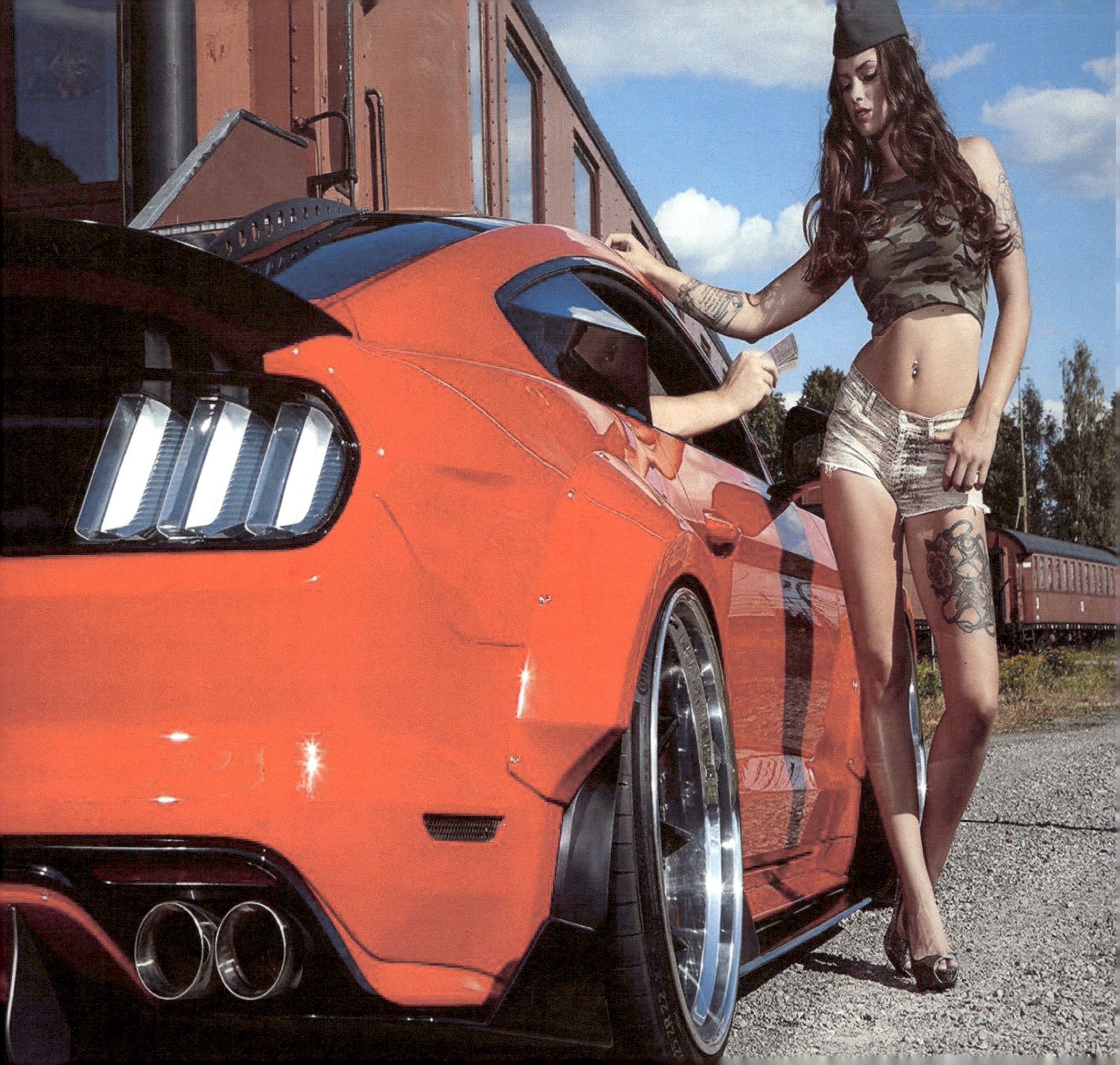

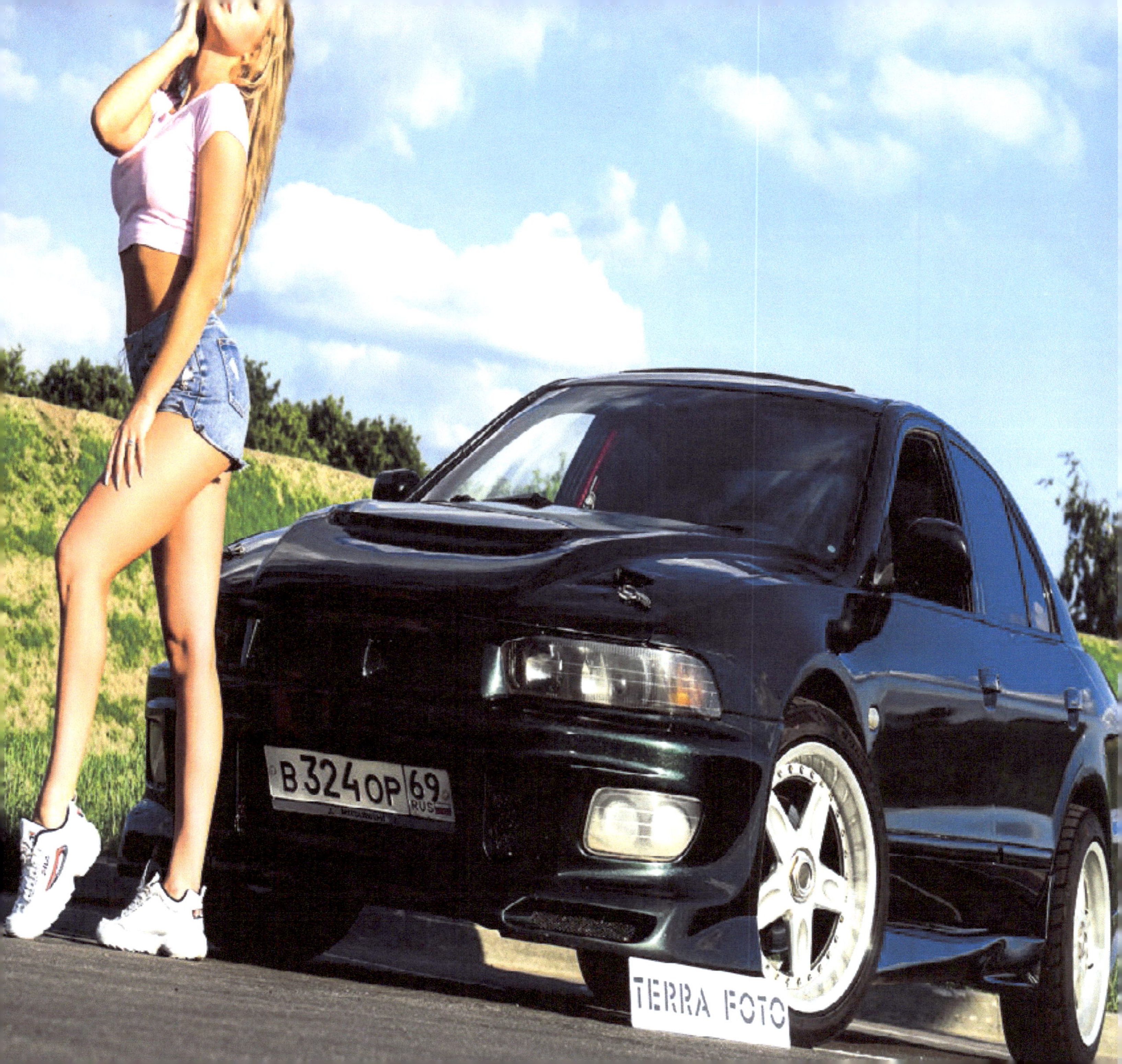
В324ОР 69
RUS
TERRA FOTO

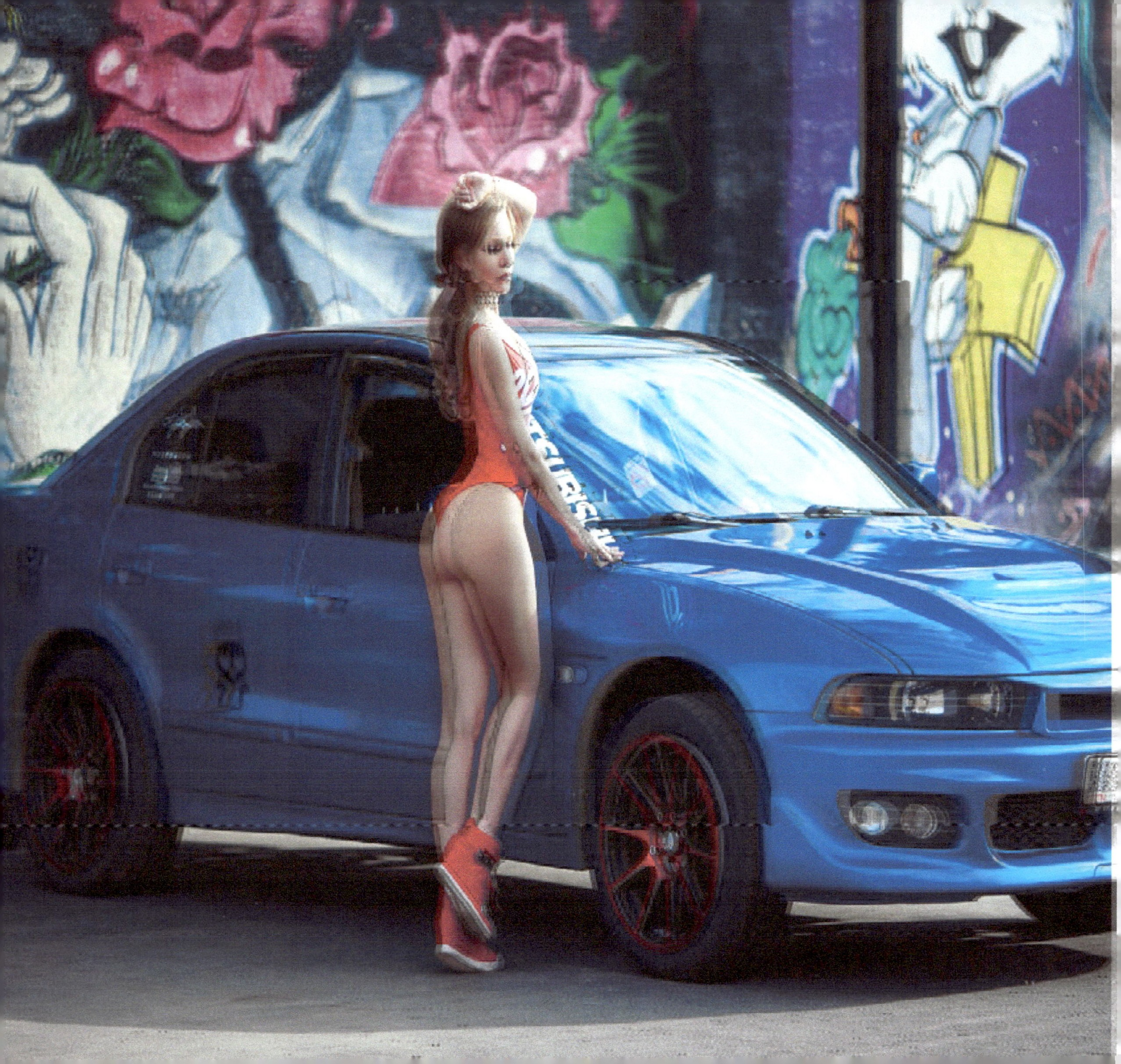

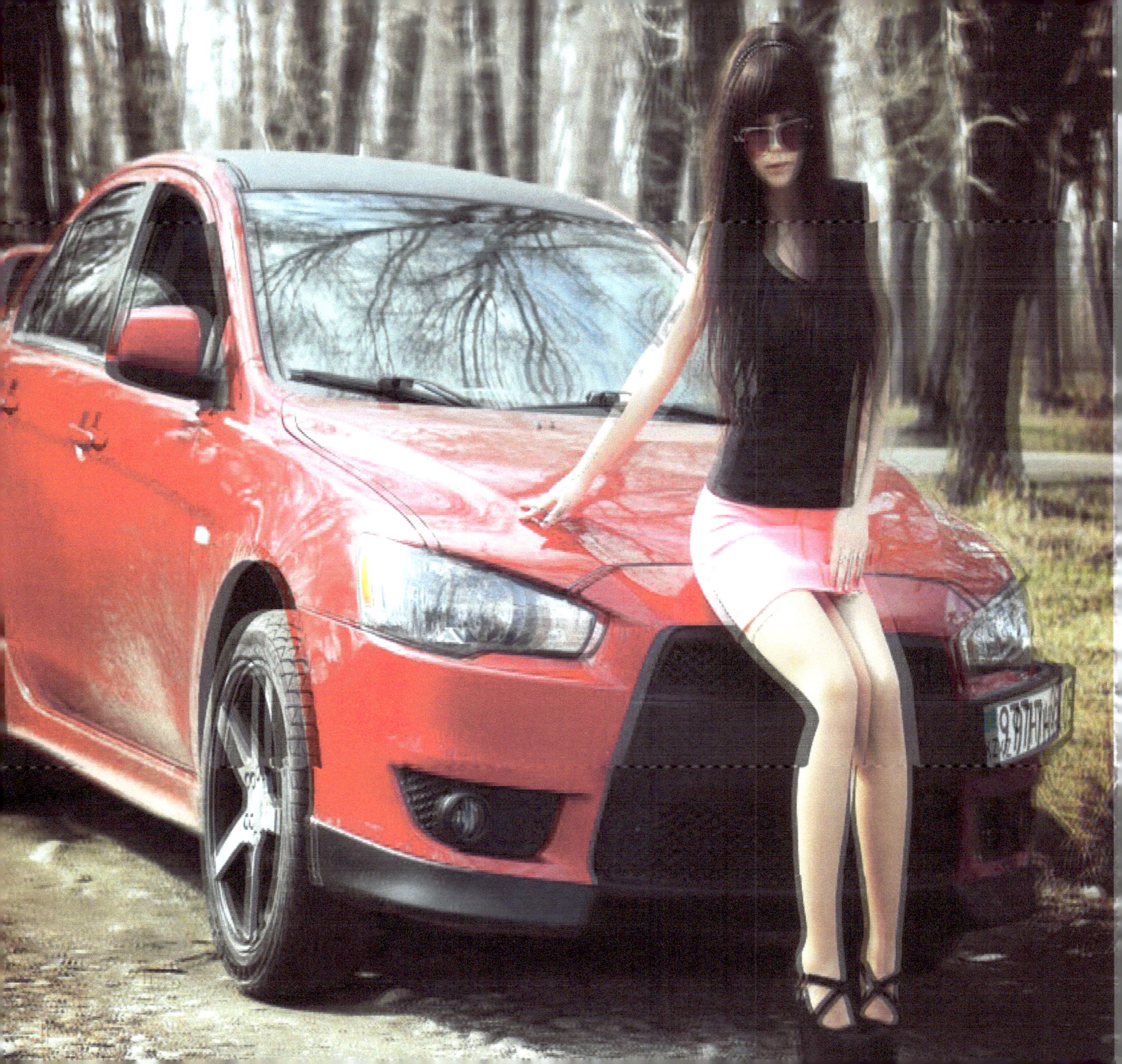

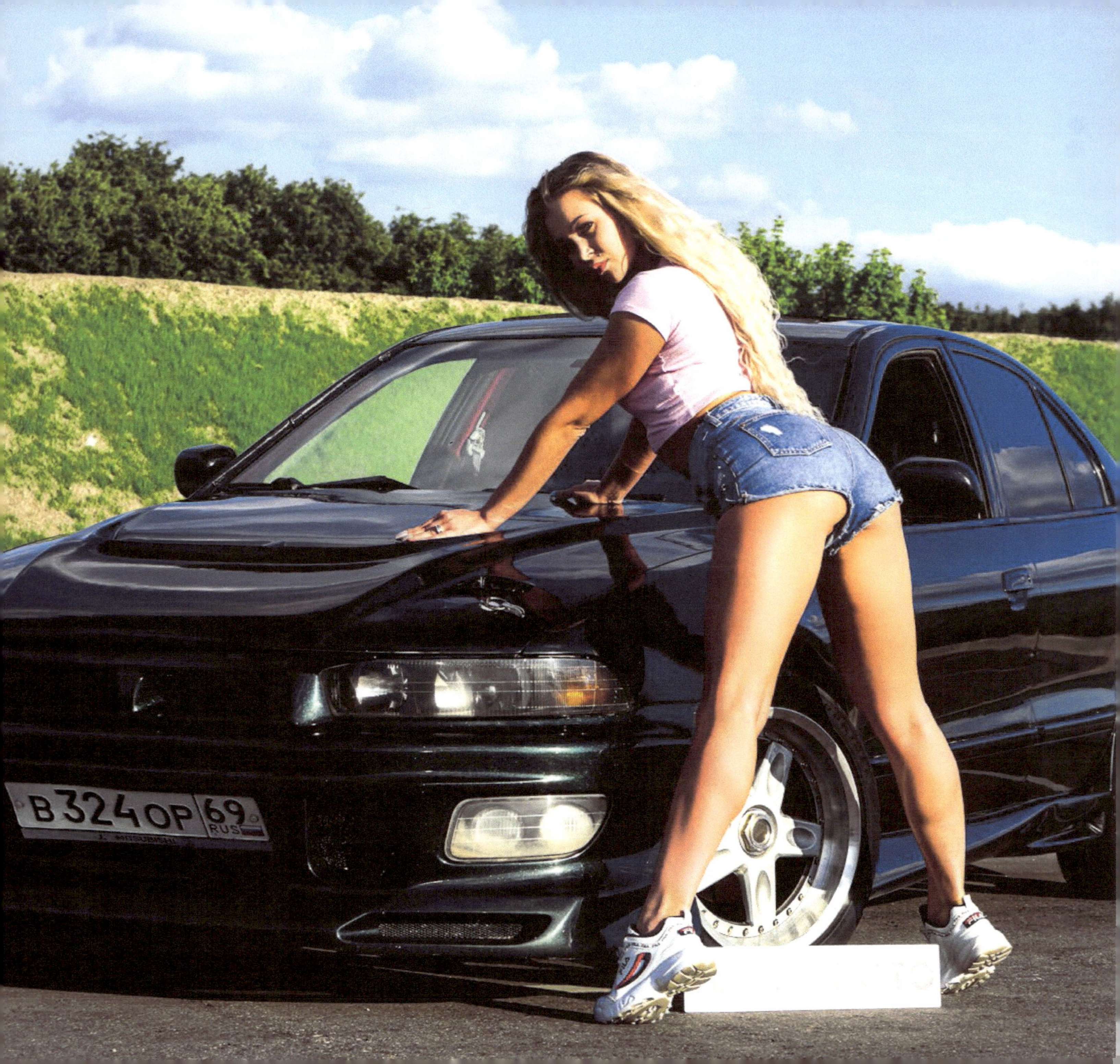
В324ОР 69
RUS

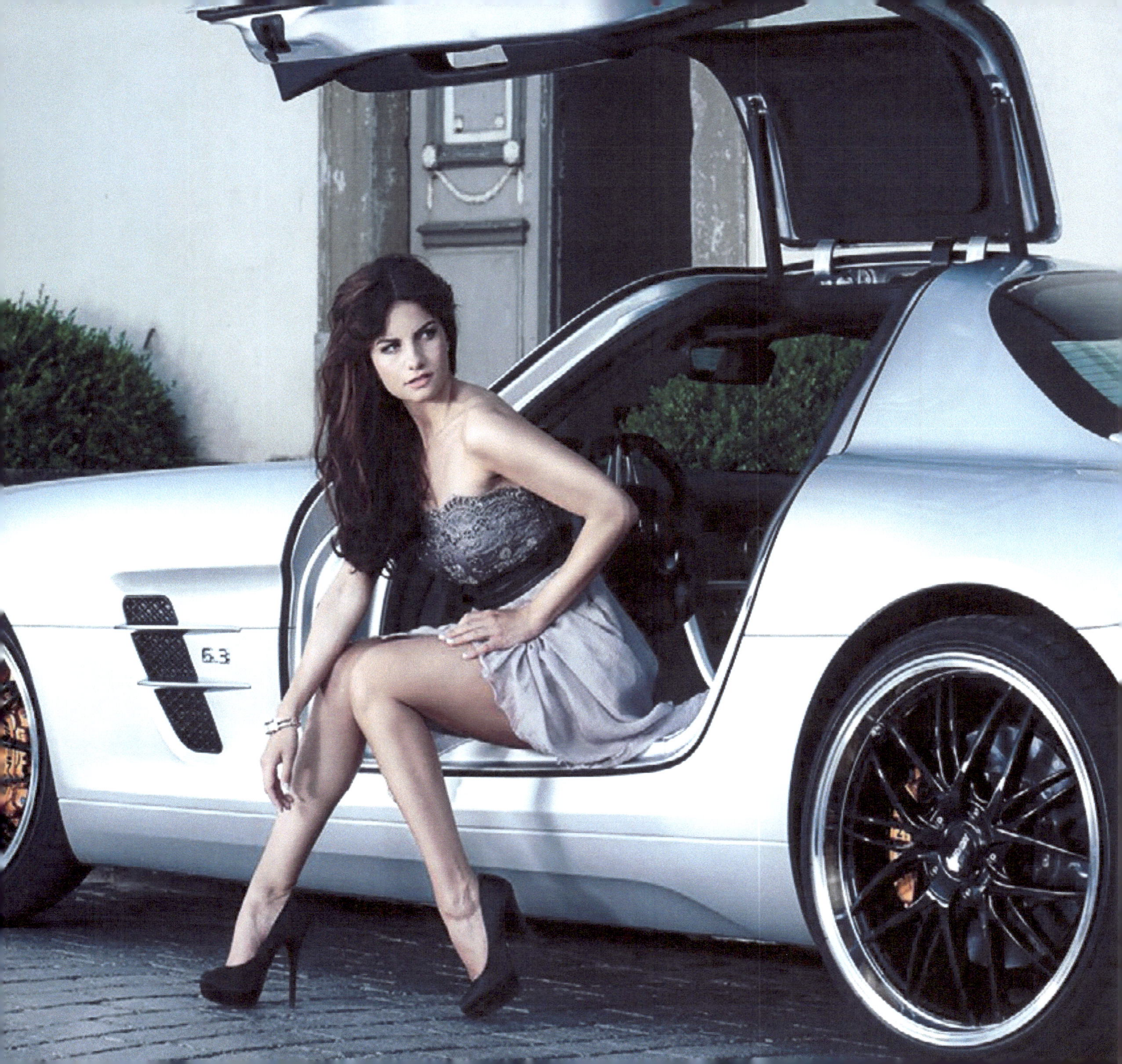

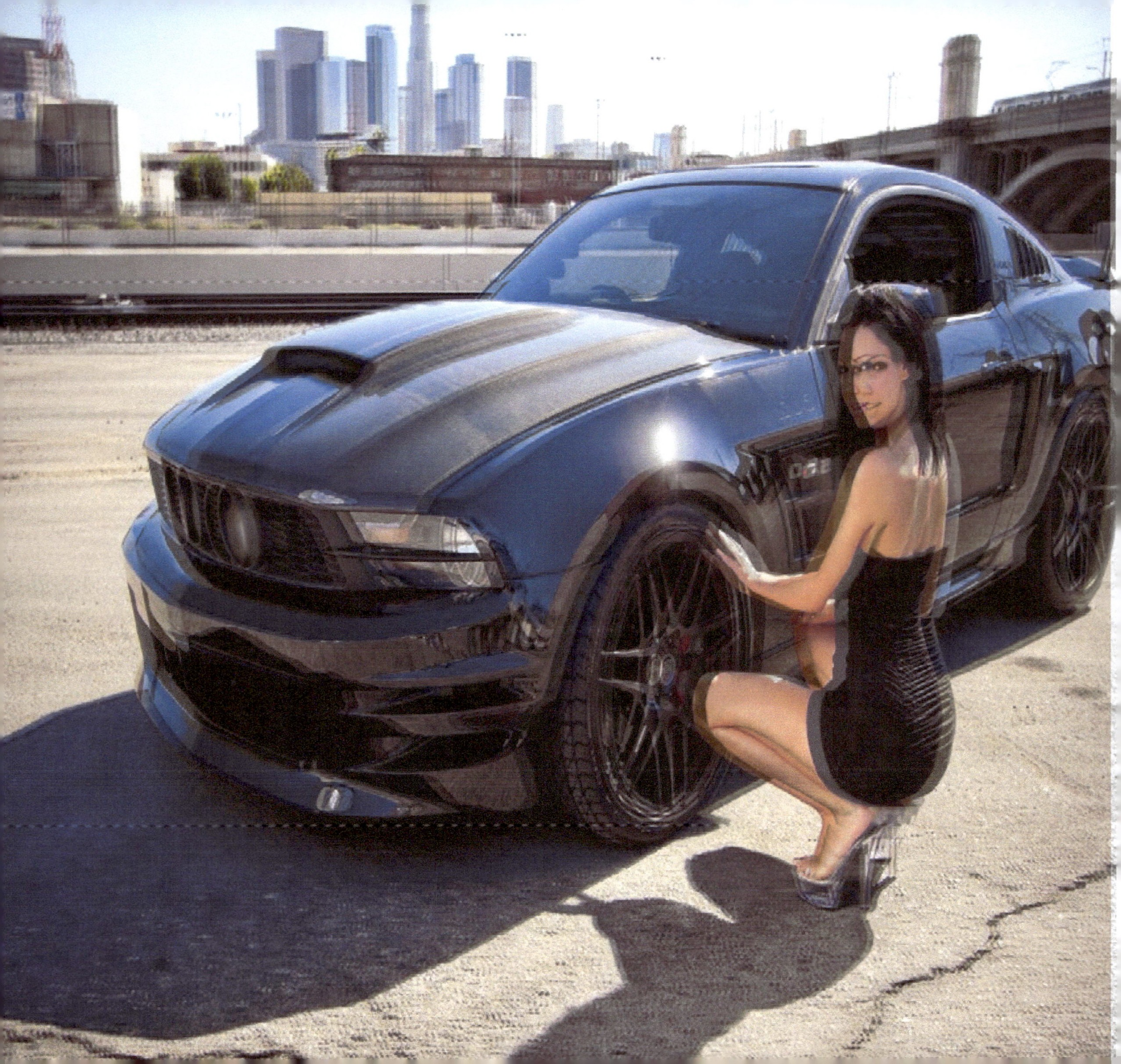

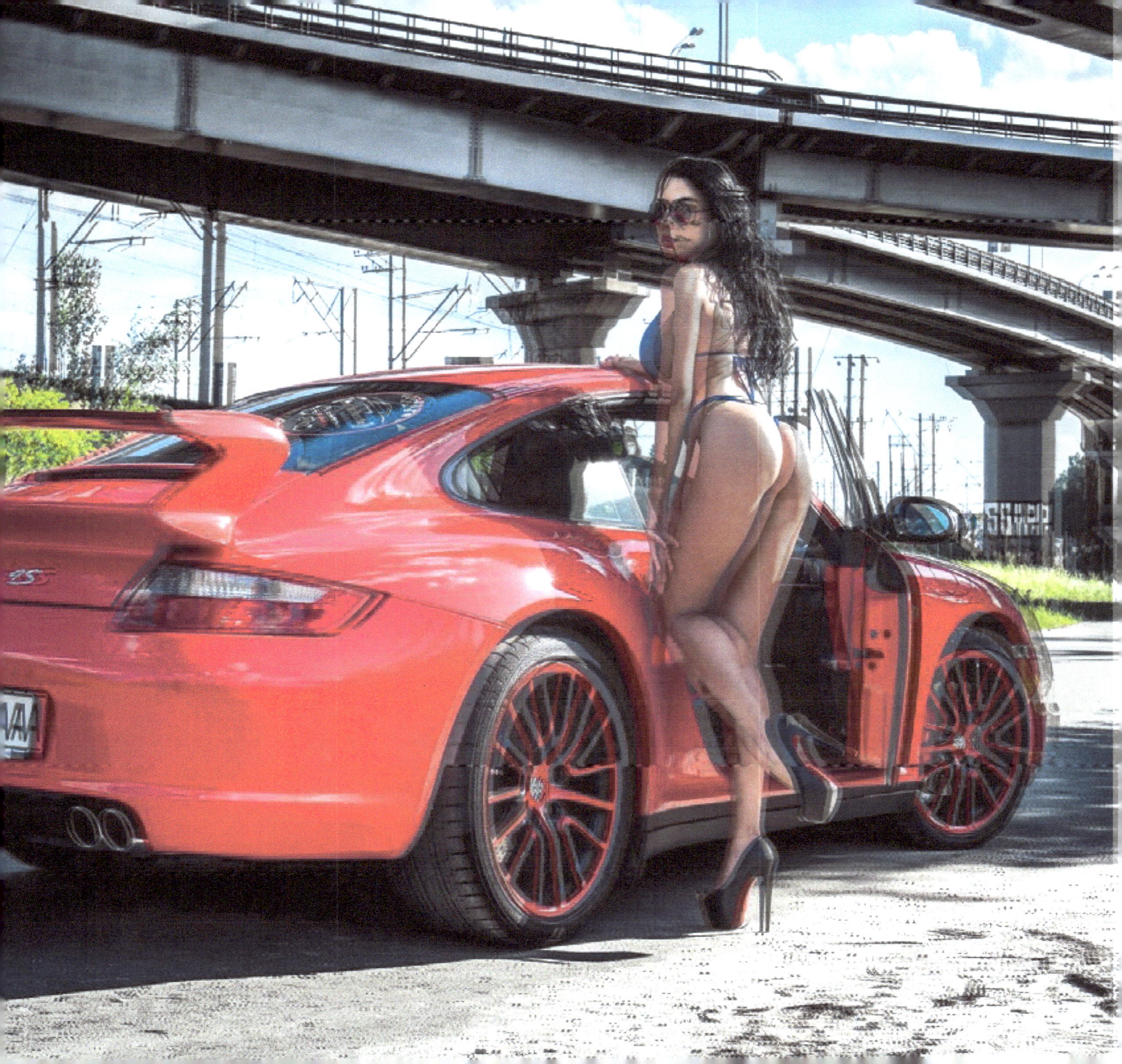

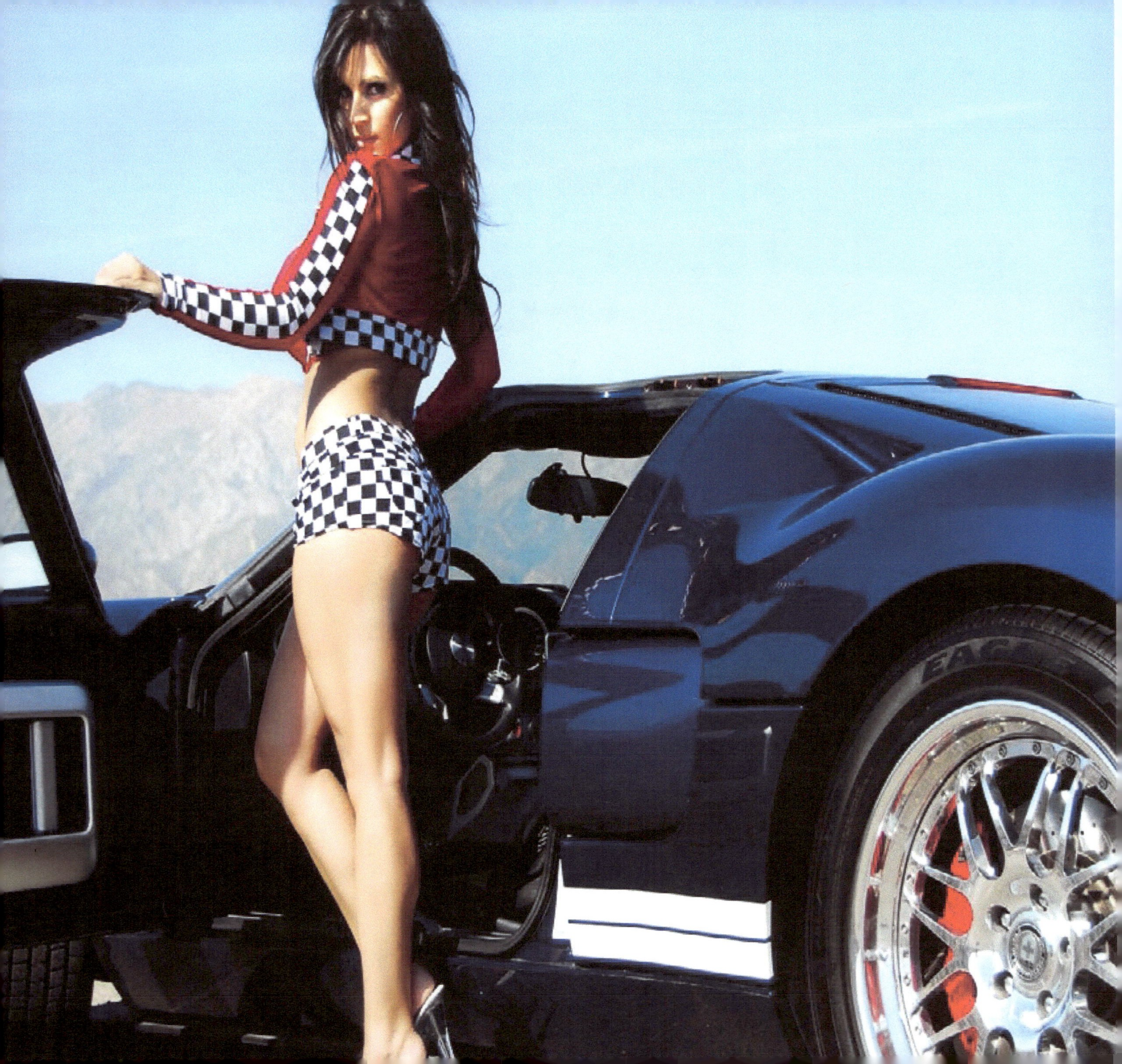

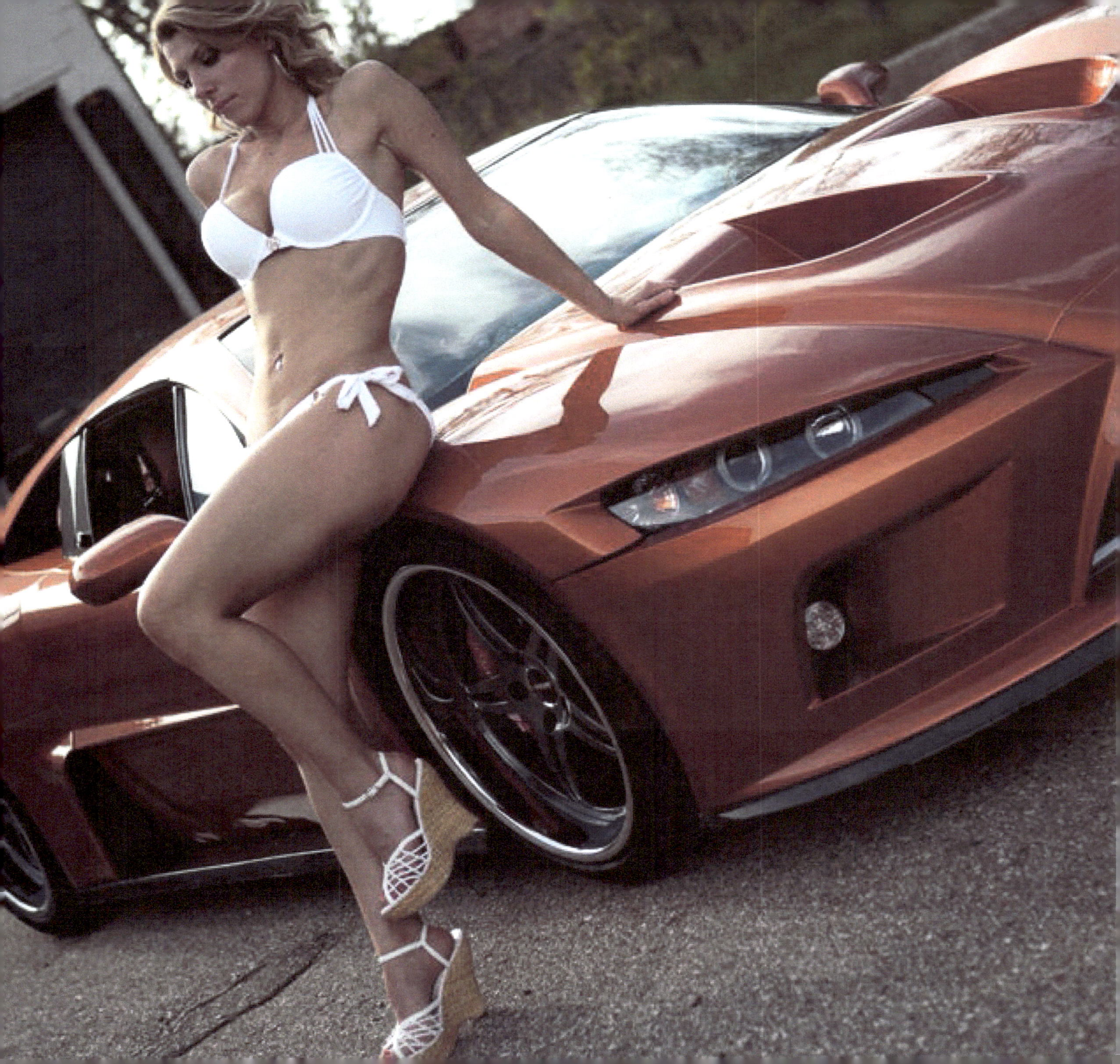

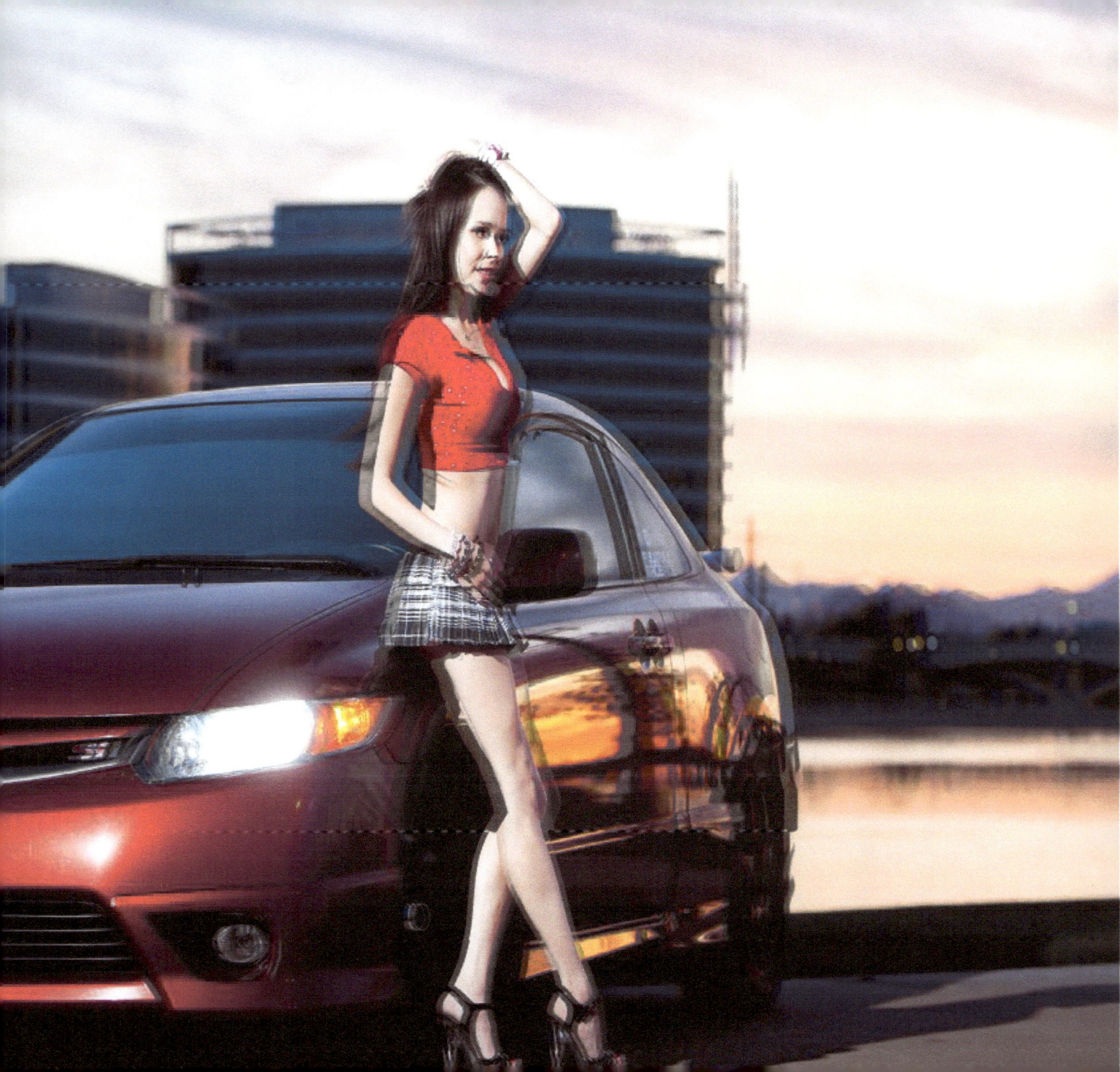
Si

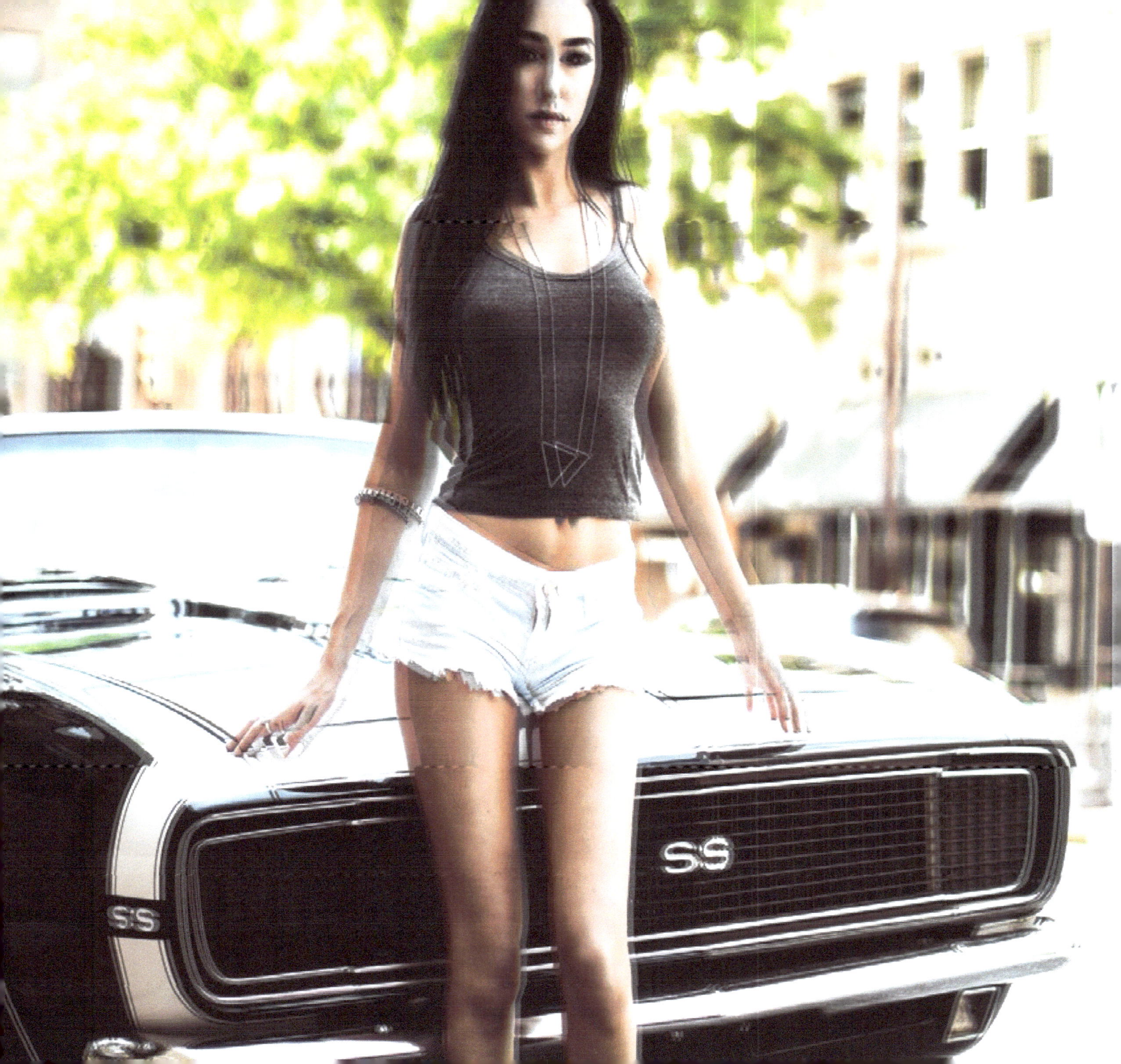
SS
SS

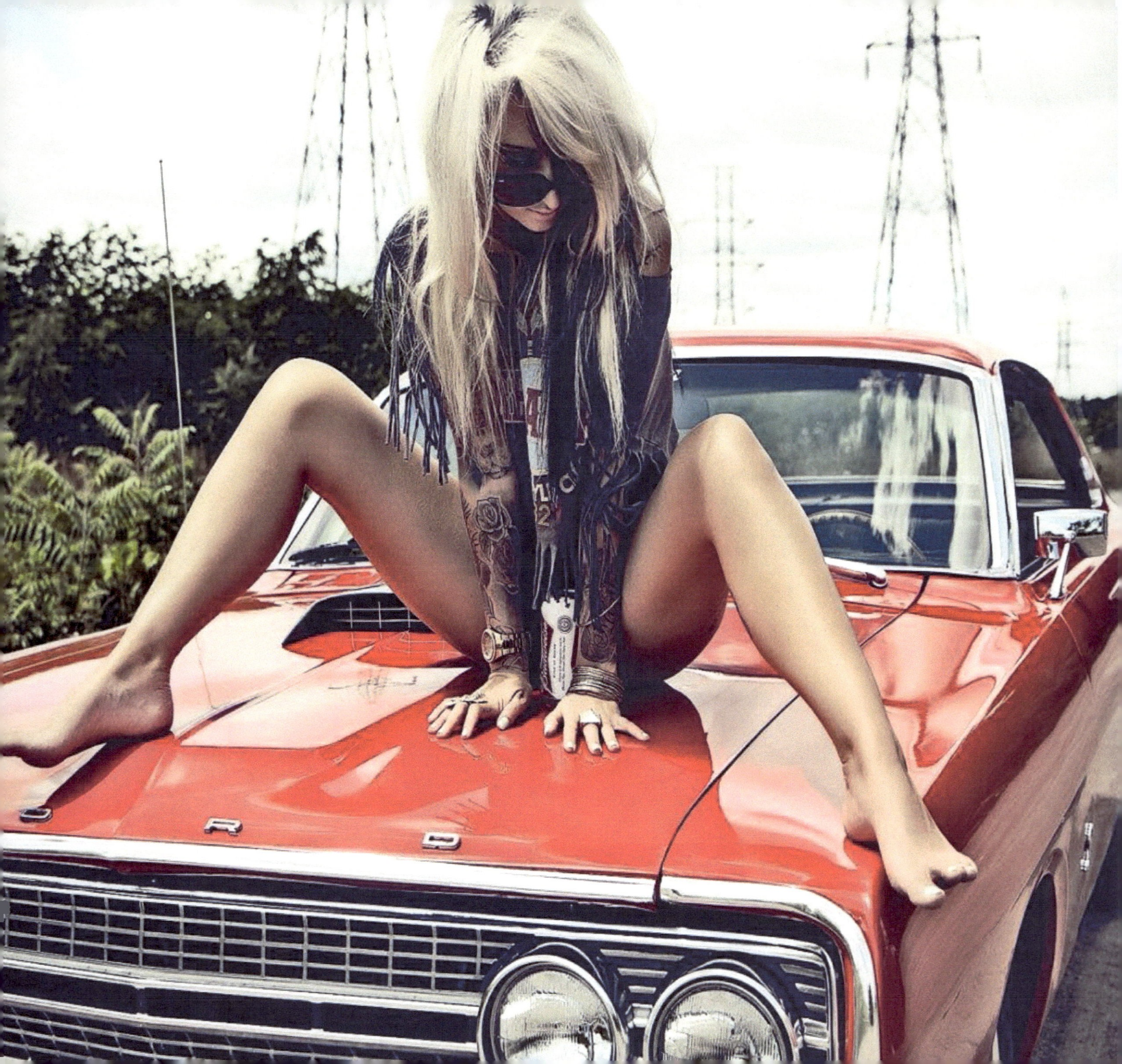

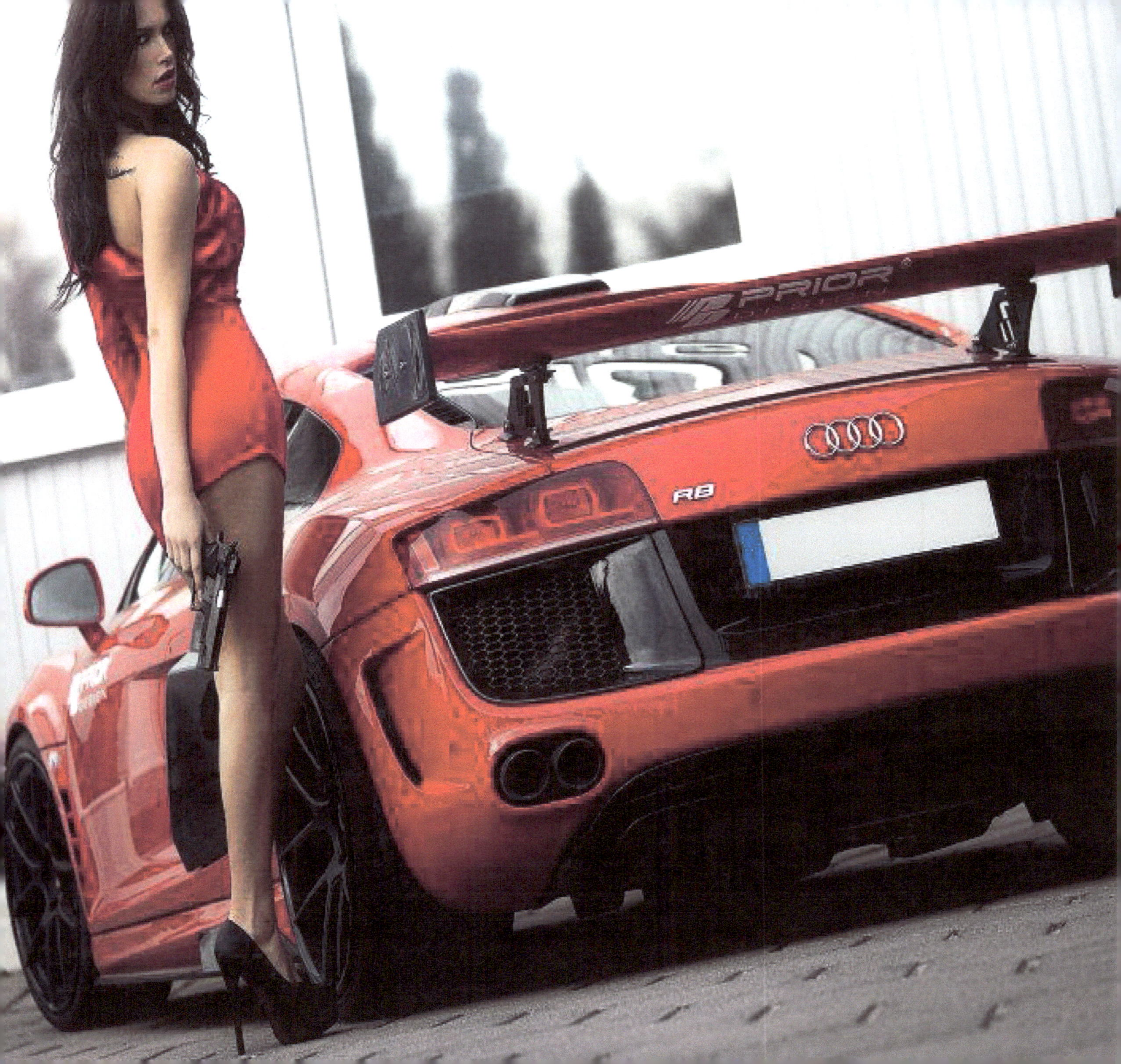
PRIOR
R8

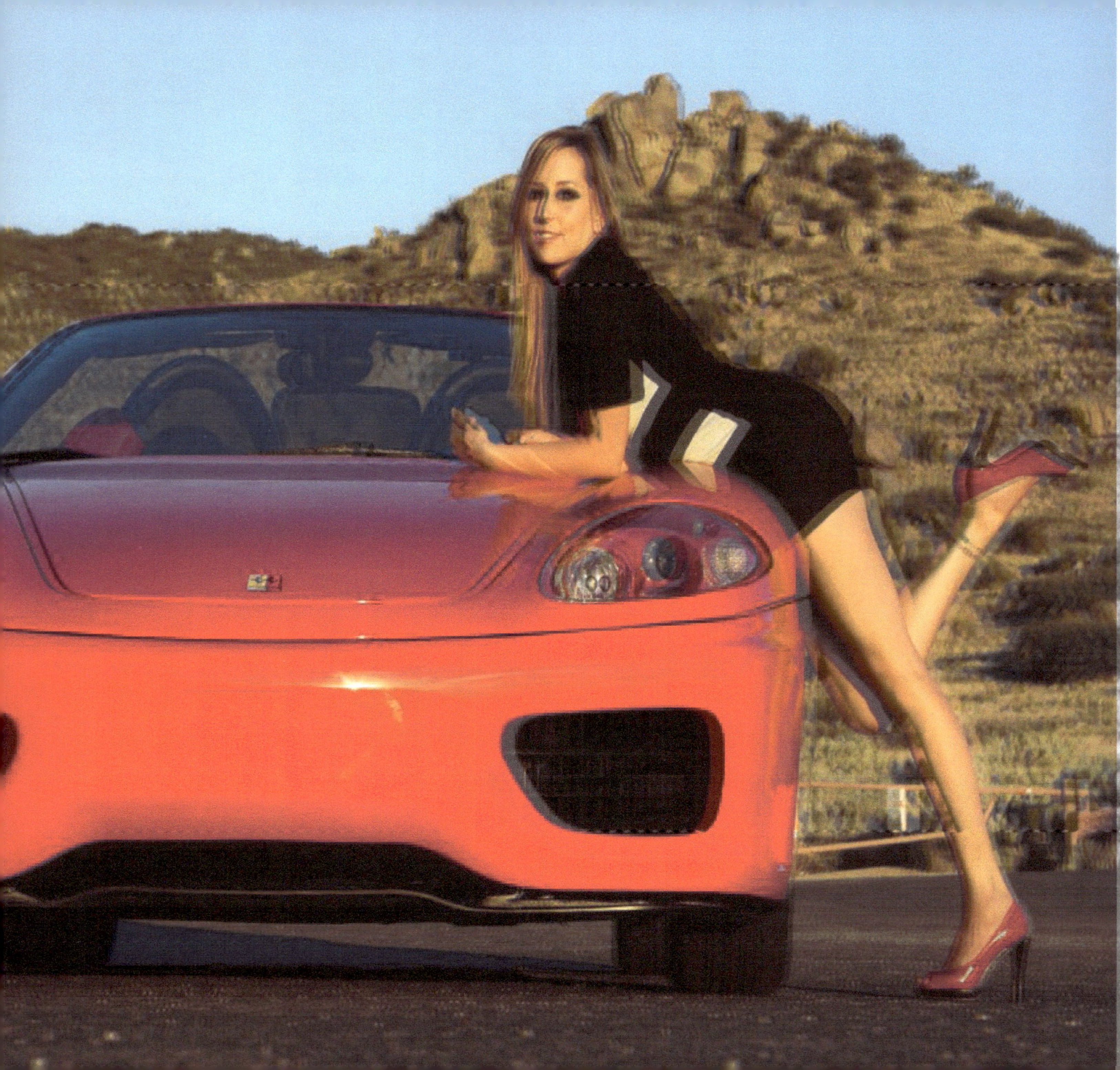

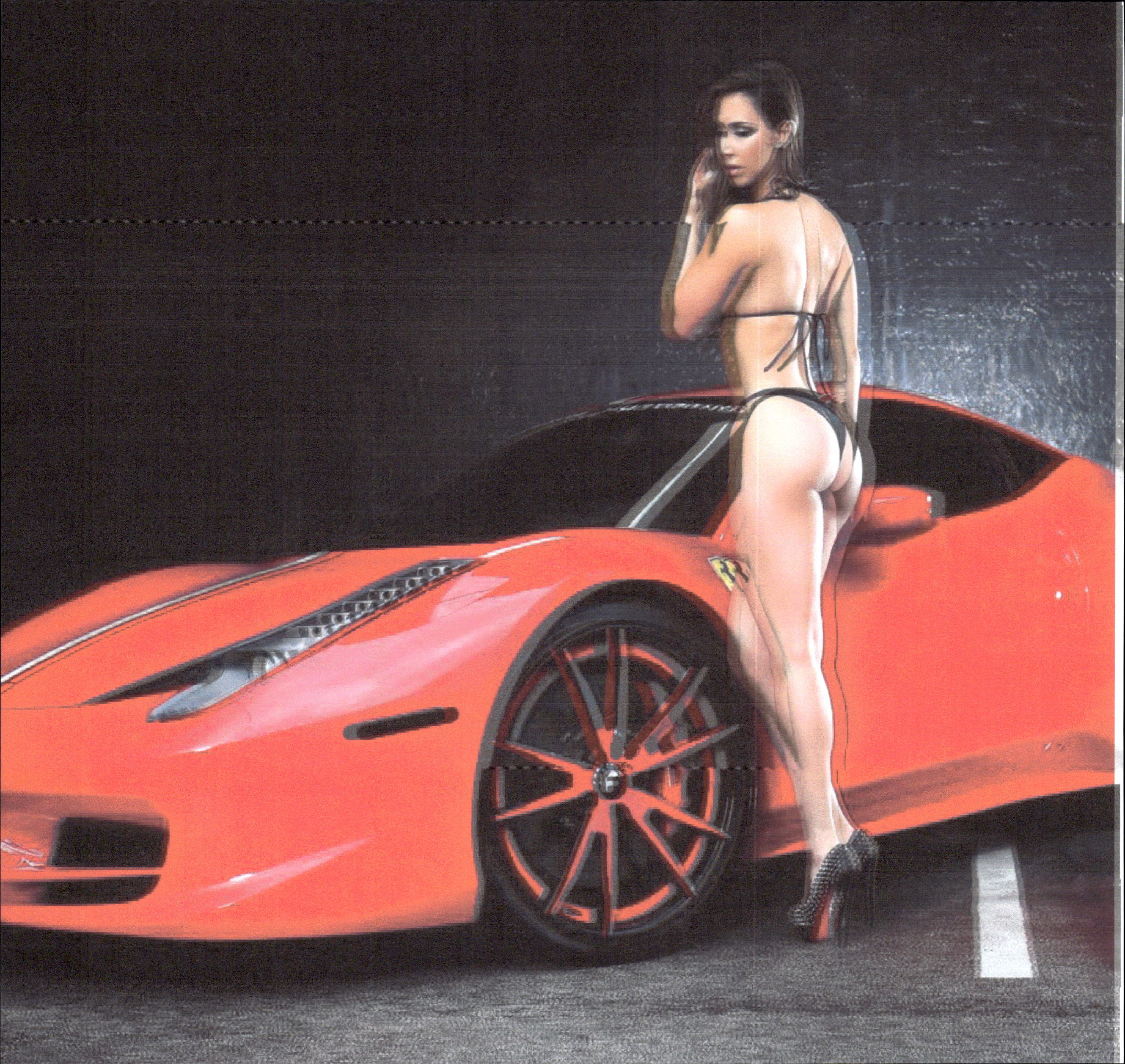

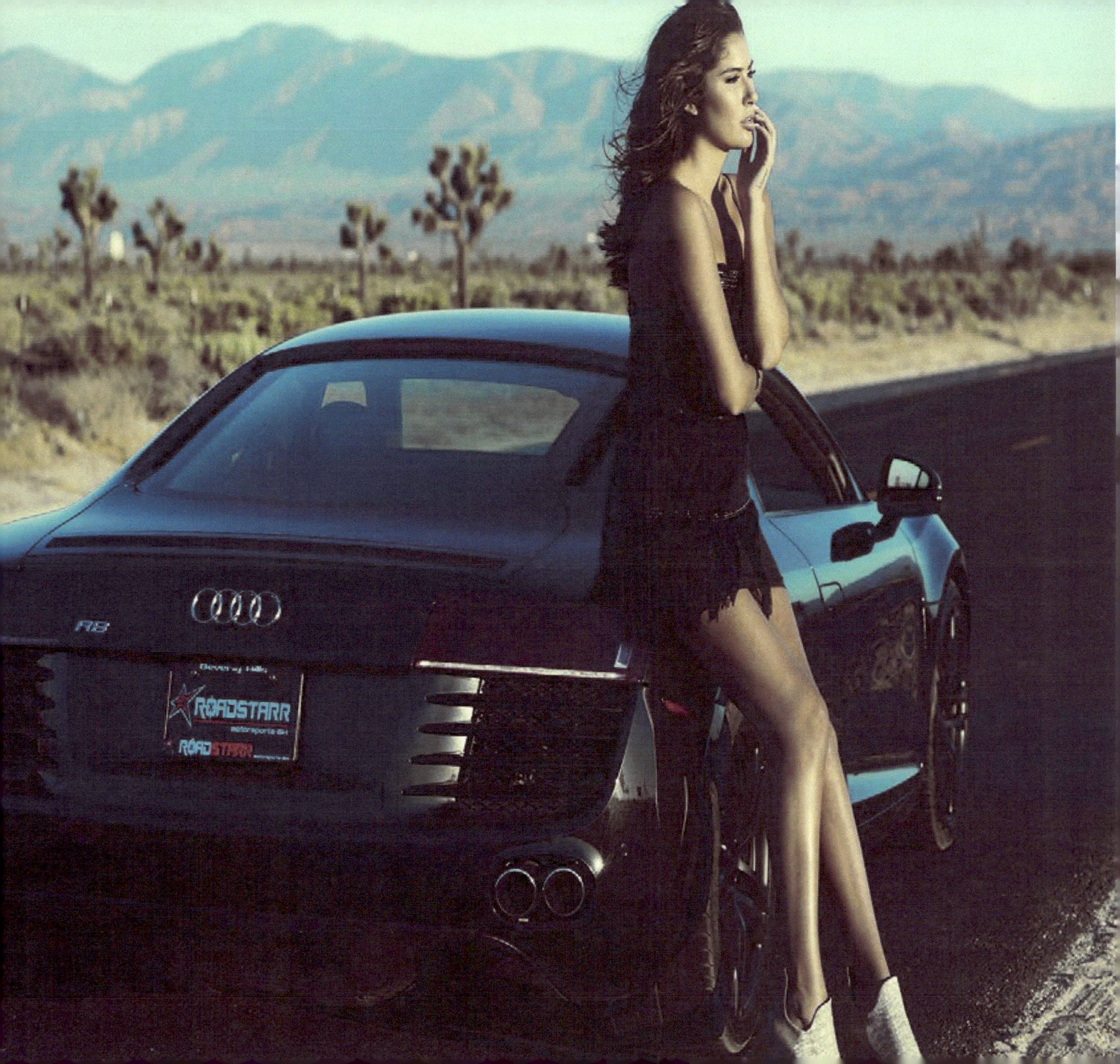
R8
ROADSTARR
ROADSTARR

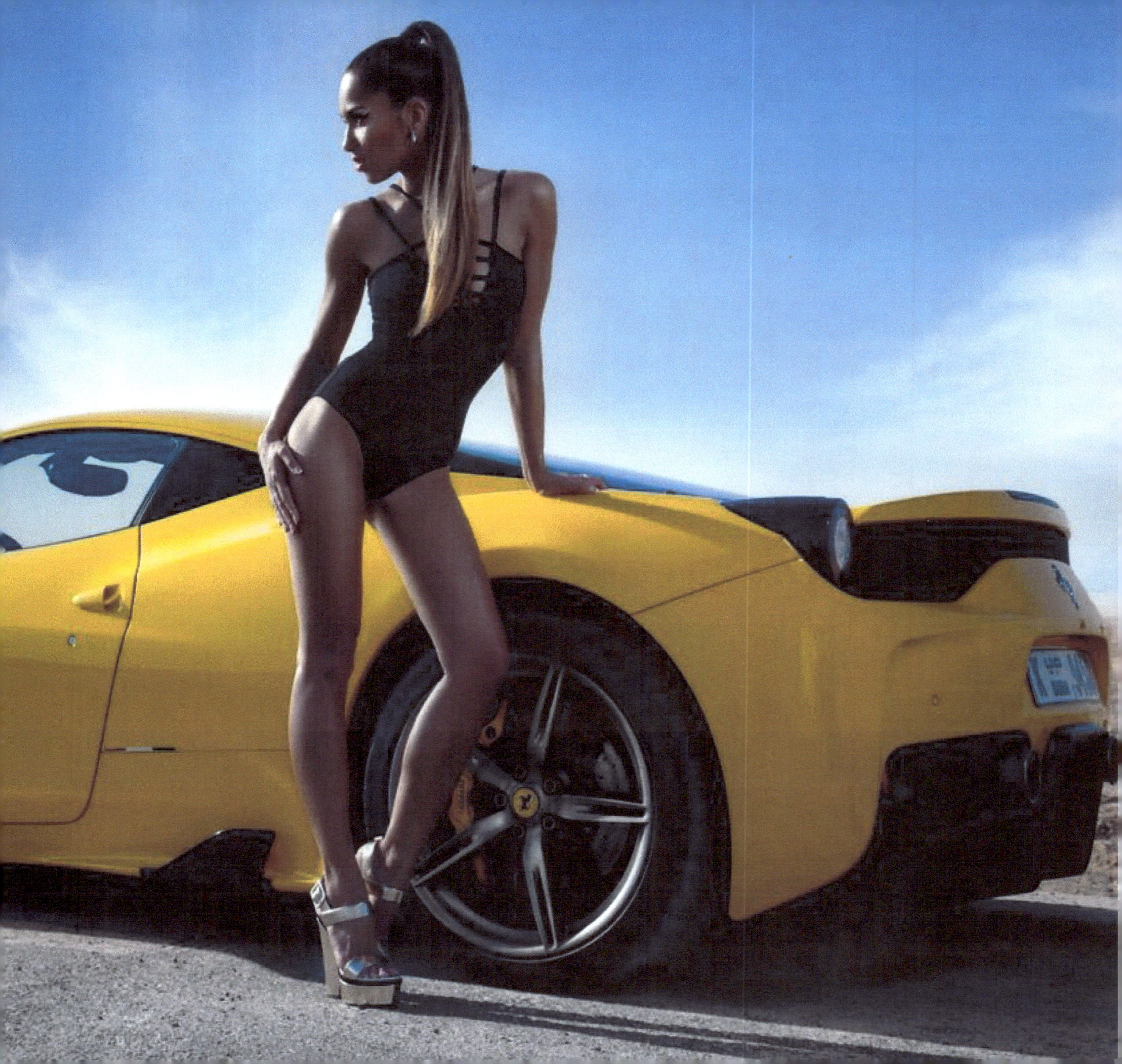

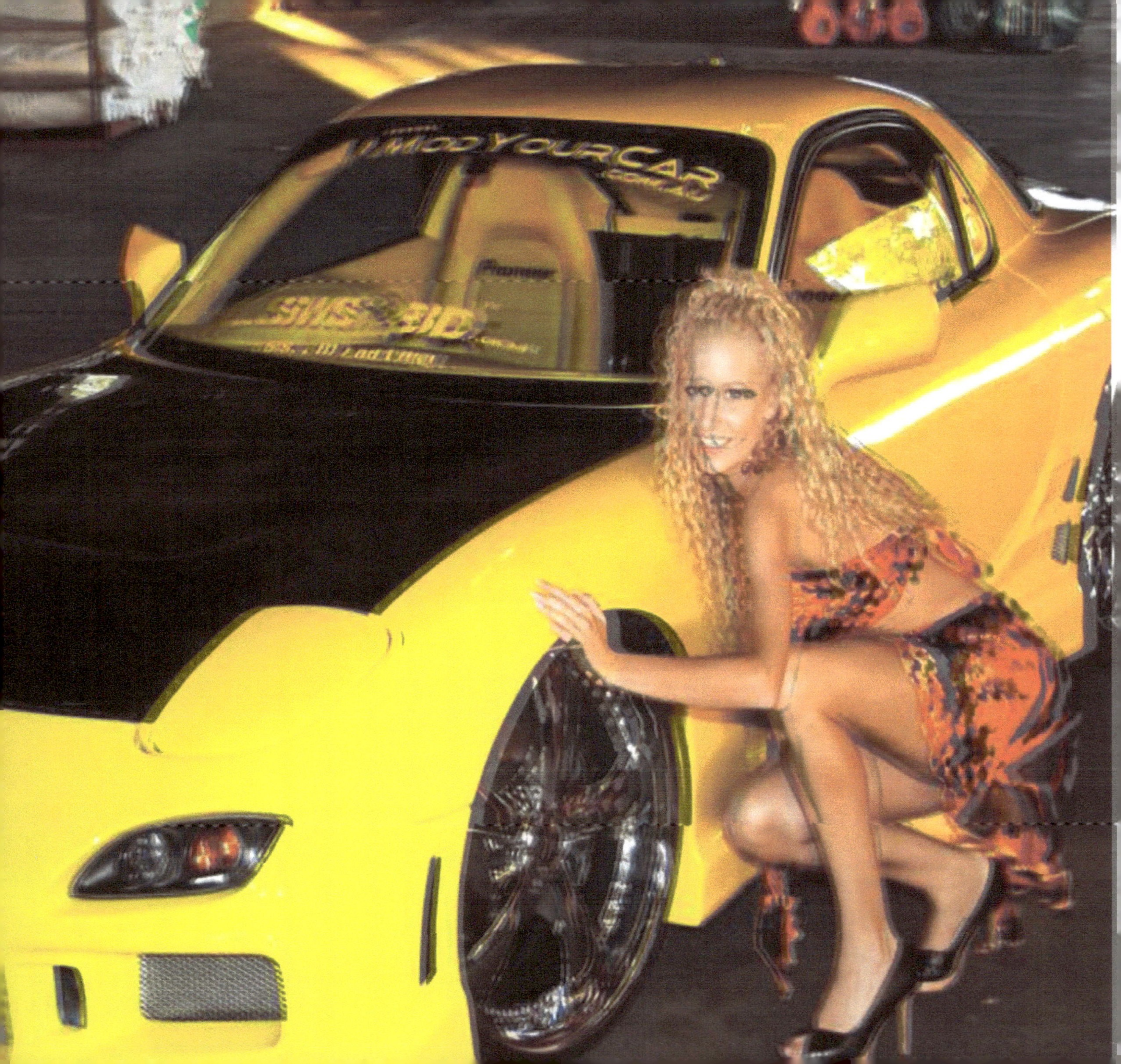
MOD YOURCAR

www.ingramcontent.com/pod-product-compliance
Lightning Source LLC
Chambersburg PA
CBHW051942210526
45473CB00006B/2348
9798344728513